¡NO BOTEN A MELVIN!

Glenview, Illinois • Boston, Massachusetts • Chandler, Arizona
Shoreview, Minnesota • Upper Saddle River, New Jersey

 Melvin mira las nubes. Mira la lluvia.

Melvin no es bobo. No sale.

¿Cabe Max? Si Melvin se mete
un poco, Max cabe.

¿Cabe Nina? Si Melvin se mete un poco, Nina cabe.

¿Cabe Gregorio? Si Melvin se mete un poco, Gregorio cabe.

¿Cabe Vico? Si Melvin se mete

un poco, Vico cabe.

¿Cabe Mario? Si Melvin se mete un poco, Mario cabe.

Al minuto, ¡a Melvin lo
han botado!